POETA
DECADENTE

UN LUSTRO DE POESÍA

(2012-2017)

Del Texto: Alberto Guerra Obispo
De la portada: Carlota Corretjé.
Del estudio filológico: Sesi García.

Edición al cuidado de Sesi García y Alberto Guerra Obispo.
Séxtasis Ediciones.
www.sextasis.es
info@sextasis.es
911 76 71 21
Madrid

ISBN: 978 - 84 - 697 - 8498 - 3

Impreso en la U.E.
Primera edición diciembre de 2017
(100 ejemplares)

"Si los amantes del vino y del amor van al infierno... el paraíso debe estar vacío."

OMAR KHAYYAM.

ÍNDICE

ÍNDICE 05

ESTUDIO FILOLÓGICO 07

BIBLIOGRAFÍA 19

SÉXTASIS (2012) 21

DIOSAS DE CARNE Y VERSO (2015) 43

DE GATOS, NOCHES Y DÍAS (2016) 61

ANTOLOGÍAS Y OBRAS COLECTIVAS 71

ÚLTIMOS POEMAS 79

ESTUDIO FILOLÓGICO

SESI GARCÍA

El eros y la urbe sobre la barra:
hacia la poesía guerriana

En una de las muchas entrevistas que concedió en vida, el poeta José Agustín Goytisolo afirmó rotundamente que no era conveniente incluir a un poeta en una antología si este no llevaba una trayectoria posterior compuesta por, al menos, cinco poemarios. "No le estás haciendo de ese modo ningún favor", recuerdo que comentaba el barcelonés. Todo esto lo estaba pensando yo mientras finalizaba un filete de ternera con patatas fritas que formaba el ecuador del menú que ofrece, día sí, día también la cafetería pequeña de la Facultad de Filosofía y Letras de la Universidad Autónoma de Madrid, en cuyo departamento de Filología Española tengo la suerte de trabajar mientras realizo mi tesis doctoral sobre un poeta de la generación del 68. ¿Cómo un filólogo —pensaba yo mientras apuraba el botellín— asume las palabras del mayor de los Goytisolo? Personalmente, considero que la afirmación realizada por él pertenece a un contexto y a una realidad extraliteraria muy distancia a la que vivimos hoy en día en España. Las antologías, podríamos decir, ya no son lo que eran, no sabría decir si mejores o peores; son, simplemente, distintas, diferentes e incluso más diversas en la actualidad, aunque, y esto es la fetén, como diría uno de los personajes más conocidos de Miguel Delibes, un determinado poder no ha sufrido las modificaciones del tiempo con respecto a las antologías: la capacidad generadora de canon. Esto que acabo de soltar es un tema bastante, bastante interesante que a un servidor le encantaría debatir con el señor José Agustín compartiendo una caterva infinita de güisqui y tabaco, pero no estamos ni en el medio, ni en el tiempo histórico para ello. De las palabras de Goytisolo, eso sí, me quedo con la alusión a los cinco poemarios. La cifra que da, pienso, no responde a un análisis metódico y representativo sobre los límites de la calidad y la basura, o de la consagración y el aprendizaje. El barcelonés podría haber hablado de cinco, seis, diez o dos poemarios, vayan ustedes a saber; sucede que a Goytisolo no le interesa el número en sí, sino la significación que dicho número denota sobre el trabajo. Él habla de trayectoria, sí, pero también de trabajo, cualidad imprescindible para un escritor que, desgraciadamente, se echa en falta en muchas de las plumas más notorias de nuestro panorama actual.

Si pensaba yo en esas palabras de Goytisolo mientras comía en la universidad, ha sido a raíz del subtítulo con el que Alberto Guerra Obispo presenta ante el público su primera antología poética: Guerra recoge cinco años de su trayectoria literaria, "un lustro de poesía", en un único volumen. Quizás el poeta barcelonés, tras conocer a Guerra, erraría en su rotunda afirmación —y eso que la trayectoria de nuestro poeta no es precisamente corta, como demuestra la bibliografía incluida a continuación de estas páginas—, porque en él vería más que cinco poemarios, cinco años de intenso trabajo y de dura búsqueda de un tono y de un estilo que no deja indiferente a nadie. Asimismo, la intensa convivencia tanto en la formación como en el fruto literario de Guerra de muchísimas artes, como da cuenta su relato biográfico, dan como resultado una obra rica en experiencia, actitud productiva y, ante todo, y en esto insisto, trabajo.

Alberto Guerra Obispo nace en la ciudad de Madrid en 1986 bajo el signo de piscis. Vive una juventud de barrio durante la cual empieza a descubrir los que serán los pilares de su vida y de su obra: el sexo, las mujeres, la ebriedad, la ciudad y, especialmente, la literatura, por lo que tomó la decisión de orientar su vida profesional hacia los estudios filológicos, licenciándose, así pues, en Filología Española por la Universidad Complutense de Madrid. A raíz de la obtención del premio "Poesía al instante" del Espacio Joven 14-30, Guerra pudo hacer realidad su deseo de compartir la actividad literaria, y vital, con más artistas. Así pues, junto con los escritores —en la actualidad, algunos de ellos han abandonado la senda de las letras— Gonzalo Benito, María Cabrera, Natacha Cano, Luis Criado, Adrián López, Alba López y Rubén Silva, el poeta madrileño formó el colectivo literario Los Albaricoques Verdes, y en 2010 veía sus primeros textos publicados en la antología *Hay un lugar*, que hizo que este grupo artístico entrara en las páginas de la historia literaria. Años después, Guerra formaría a su vez parte de dos colectivos poéticos más: Lo Prometido es Duda, donde se aunaban el teatro, el cachondeo, la risa y el alcohol con la poesía, rociado todo de una dosis enorme de amistad, y compuesto por Lydia Alcaraz, Blanca Balcells, Gonzalo Benito, Adrián López, Diego Medina Poveda, Víctor Sierra Matute, el propio Guerra y un servidor, y En Clave de Poesía, formado, asimismo, por Guerra, Sandra Barrera, Óscar Corrales y Fátima Pérez. Tanto se consolidó el madrileño en la colectividad y en el convivir literarios que terminó por liderar una tertulia propia, Tintos & Tinta, que en 2016 vio sus sesiones plasmadas en el papel gracias a la publicación de una antología homónima en Séxtasis Ediciones, otro de los grandes proyectos artísticos de Guerra. Podría decirse que el sello editorial fundado por el poeta es el resultado final de toda su trayectoria plasmada en la realidad contemporánea, porque la poesía guerriana no solo transmite, también crea. La editorial comparte nombre con la *opera prima* de Guerra: *Séxtasis. Nacimiento, vida y muerte de una poética*. Sobre esta obra, hay que hacer un pequeño inciso y resaltar lo equivocado que estuvo su creador al elegir el subtítulo: la poesía guerriana —o guerrismo, como ya se denomina al movimiento literario y vital promocionado por Guerra en varios círculos madrileños— no murió, sino que no hizo más que perdurar y crecer y aferrarse al mundo a partir de la publicación de *Séxtasis* en el año 2012. En este poemario, el lector no solo puede encontrar los primeros ejemplos del verso guerriano con los cuales comienza esta antología, sino la convivencia de realidades artísticas que será a partir de este momento una de las señas de identidad de las circunstancias de Guerra. Así pues, desde Séxtaxis la poesía irá de la mano de la fotografía y la pintura; buen ejemplo de ello son el resto de sus publicaciones: *Sexperiencias. Los cuatro palos de la baraja del amor* (2015), *Sexposiciones. Diosas de carne y verso* (2015) y *De gatos, noches y días* (2016). Asimismo, el contacto con otras artes lo ha vivido Guerra en sus propias carnes: ha interpretado diversos y variados papeles en numerosas obras de teatro y cortometrajes, entre los cuales cabe destacar *El candidato* (2014), que también escribió y dirigió, así como prestó su voz para el documental *El cine español en la II República*, de Darío Hernández. Y, como no podía ser de otra manera, el escritor madrileño también ha cultivado la prosa de ficción, en especial el cuento —Guerra es discípulo del reconocido cuentacuentos Héctor Urien—; ha publicado una cantidad nada desdeñable de artículos en *Diario16*, y ha realizado labores de gestión cultural, razón por la que obtuvo su puesto de coordinador etílico-artístico en el renombrado local Xelavid, situado en el corazón del Barrio de las Letras.

Una vez situada la figura de Guerra Obispo como ciudadano y como creador, es el momento de descubrir su obra. No es mi intención diseccionar la poesía guerriana —¿dónde quedaría, entonces, la sorpresa de la lectura?—, sino aportar una serie de claves que justifiquen la coherencia temática y estilística de la obra poética de Guerra, siendo un buen ejemplo de ella *Poeta decadente*. El título de esta antología ya introduce uno de los rasgos principales de la poesía guerriana: la intertextualidad y la referencialidad. En este caso concreto, la alusión a uno de los poemas más notorios de Manuel Machado, *"Yo, poeta decadente"*, quien Guerra, a su vez, recupera y homenajea, es para el escritor una declaración de intenciones, de ahí que esta composición machadiana comparta título con el primer poema de la antología. Como hiciera el hermano del poeta sevillano con su famosísimo "Retrato", Guerra con su personal "Yo, poeta decante" presenta ante el lector una colección de respuestas ante la vida, que, como se verá más adelante, ponen los cimientos a su propia literatura. Volviendo a la práctica intertextual que cultiva Guerra, la alusión a múltiples voces tanto de la literatura hispánica como universal confirman el trasfondo laborioso de lecturas que guarda la poesía guerriana. Así, el lector puede toparse con el ya citado Goytisolo en "Abrirte", con el gran Diego Medina Poveda en "Lolita" —texto que, además, nos transporta a la literatura de Nabokov—, con Lope de Vega en "Dedeto", con Gustavo Adolfo Bécquer en "El orgasmo en labios de mi musa" y "Madrid mujer", con Miguel Hernández en "Oda a Miguel", con Homero en "La primera... nunca es última" y con José de Espronceda en el ya citado "Yo, poeta decadente". Si tomamos la intertextualidad con la incorporación en el texto de lo puramente ajeno, también cabe destacar como otro rasgo esencial de la poesía guerriana la incorporación en los poemas de elementos absolutamente propios y personales. Con esto me refiero a los diversos neologismos que Guerra inventa para poder nombrar su mundo textual, técnica que recuerda enormemente a la literatura del asturiano Fernando Beltrán, tales como "entrebeso", "siempresente", "buenrrollismo", "multihablo", "brugálicos", "anonimamada" o los sustantivos verbalizados de "Calendario", entre otros. El guerrismo, así pues, también posee su diccionario particular.

Desde un plano temático, la literatura de Guerra se podría delimitar en tres grandes temas —dos de ellos supeditados a uno, como se verá más adelante— que ya se han mencionado como los grandes hallazgos que realizó el poeta durante su educación sentimental —nótese cómo literatura y vida son una única cosa—: el sexo, la mujer y la ciudad de Madrid. Todo ello, por supuesto, regado con cantidades ingentes, aunque siempre respetables y asumibles, de alcohol; ya lo dice el poeta en su "Yo, poeta decadente": "porque a mí lo que me gusta / es por fuera la mujer / y por dentro la botella". En numerosas ocasiones, como en los versos anteriores, los temas guerrianos por excelencia conviven entre sí dentro del texto —otro ejemplo lo encontramos en "La primera... nunca es la última", donde lo erótico y lo dionisiaco se encuentran: "le doy al whisky un pico"—, y fruto de este fenómeno es quizás uno de sus mejores textos, "Madrid mujer", tanto por su calidad literaria, como por la unificación de dos de sus grandes temas inmersos en un contexto erótico y sexual que, como se ha adelante al principio de este párrafo, se proclama como el gran tema guerriano. Leemos entonces en el texto:

> "Me recuerdas a Madrid" te dije,
> mientras pintaba tus labios firmes
> con el color de mis zapatos.
> [...]
>   Me sorprende
> la tibieza del palacio que guardas
> con recelo en tu entrepierna, el museo
> de las grandes esperanzas que espero
> gobernar, cualquier día, si me dejas.

Dentro del erotismo, así pues, se enmarcaría la poesía de Guerra, pero es importante recalcar que el tratamiento que el madrileño hace del eros dista mucho del que estamos acostumbrados a escuchar en los círculos poéticos actuales, pues Guerra es directo y claro en este tema. Él escribe como bebe, como vive y, sobre todo, como ama. Y así es su poesía: una literatura en continua presencia con la vida en todas sus facetas, pero con aquella que es dichosa, feliz, fuerte, valiente y consecuente con su mundo. El verso guerriano es festivo porque así es como Guerra ve y siente la vida —aprovecho este punto para aconsejar al lector que la mejor lectura que puede hacer de esta antología es aquella en voz alta rodeado de buenos caldos y de aún mejores amigos y amigas—, y por eso las composiciones del madrileño son algunas muy extensas y otras extremadamente cortas, como se puede apreciar en los últimos poemas incluidos en este libro, unas soleares blancas aproximadas al haiku, porque los momentos de disfrute pueden durar una infinitud de noches y de días, pero también pueden contenerse en un instante minúsculo, como el que cabe en un brindis que se hace en la barra del bar de siempre con la persona amada. De ahí el constante resonar en la poesía guerriana de los tópicos latinos *carpe diem* y *tempus fugit*, condensados ambos en el *iuvat vivere*, locución a la que Guerra dedica un texto completo. La poesía de Alberto Guerra Obispo, y pido disculpas por repetirlo tanto, es, simple y llanamente, un canto a la vida, pero a su centro más verdadero y, por consiguiente, más festivo y "disfrutón", como diría nuestro poeta. Esa es la magia "que solo ven / aquellos que son poetas", según las palabras de Guerra en "Gracias, poesía", y él, ante todo, es eso, un poeta.

Sesi García
Ciudad Universitaria de Cantoblanco,
octubre de 2017

BIBLIOGRAFÍA DE ALBERTO GUERRA OBISPO

Albaricoques verdes, *Hay un lugar*, prólogo de Sagrario Núñez, Madrid, Pigmalión Edypro, 2010.

Mephisto, número 7, primavera de 2012.

Alberto Guerra Obispo, *Séxtasis. Nacimiento, vida y muerte de una poética*, prólogo de Diego Medina Poveda, Madrid, Ediciones Pigmalión, 2012.

VV. AA., *Antología poesía erótica*, Madrid, Diversidad Literaria, 2015.

Alberto Guerra Obispo, *Sexperiencias. Los cuatro palos de la baraja del amor*, fotografías de Leticia Forzani, Madrid, Séxtaxis Ediciones, 2015.

Alberto Guerra Obispo, *Sexposiciones. Diosas de carne y verso*, prólogo de Sesi García, Madrid, Séxtaxis Ediciones, 2015.

Sesi García y Alberto Guerra Obispo, *De gatos, noches y días*, pinturas de Darío Villanueva, prólogos de Sandra Barrera Martín y Antonio Antequera, Madrid, Séxtaxis Ediciones, 2016.

VV. AA., *Tintos & Tinta*, ed. de Alberto Guerra Obispo, Madrid, Séxtasis Ediciones, 2016.

Alberto Guerra Obispo, Diego Medina Poveda, Julio Santiago y Sesi García, *Funny Games*, Madrid, Séxtaxis Ediciones, 2016. Juego de cartas.

VV. AA., *Cuentos de verano para leer en invierno*, Madrid, Haz Milagros Ediciones, 2016.

VV. AA., *Madrid en trazo y verso*, dibujos de Antonio Antequera, Madrid, Séxtaxis Ediciones, 2017.

PRÓXIMAS PUBLICACIONES

VV. AA., *Amores de ficción*, coord. por David Felipe Arranz, Madrid, Ediciones Pigmalión, 2018.

David Felipe Arranz y José Ignacio Díez Fernández (eds.), *Vino, letras y "un par de besos callados": el viñedo en el paraíso*, Madrid, Ediciones Endymion, 2018.

VV. AA., *Antología poética Los Bardos*, ed. de Marina Casado Hernández, Madrid, Ediciones de la Torre, 2018.

VV. AA., *Dime cómo escribes y te diré qué bebes*, coord. por Alberto Guerra Obispo, Madrid, Séxtaxis Ediciones, 2018.

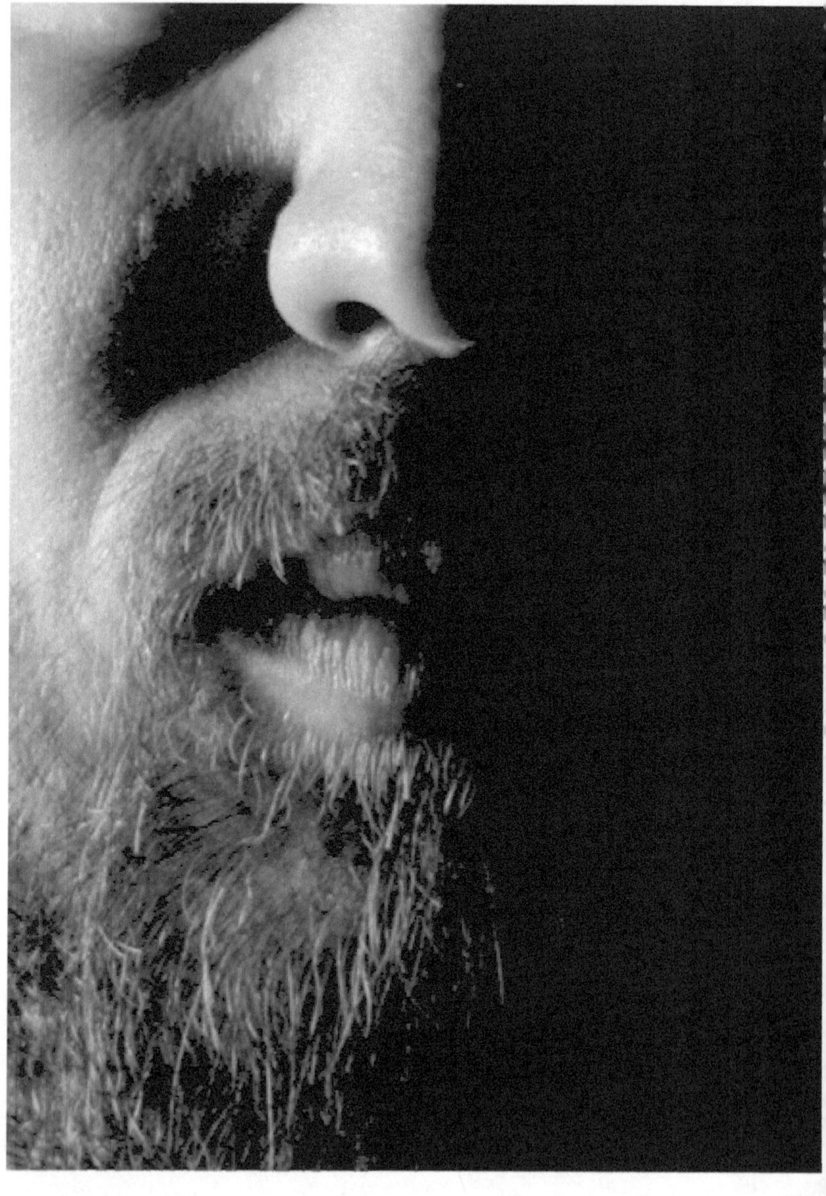

SÉXTASIS
(2012)

YO, POETA DECADENTE

Yo, poeta decadente,
de esta España insuficiente
que estremece cuando llora,
bailé un par de veces
varios tangos con las drogas,
pero pasé al rock and roll
y al *buenrollismo* de moda.
Cambié el tango por los tangas,
yo buscaba el didactismo,
y entre tangas y entrepiernas,
aprendí más que con libros,
yo poeta nunca falto,
sempiterno en toda fiesta,
siempre alegre, *siempresente*,
siempre o nunca haciendo algo,

me convertí en pirata
y me comí a mi loro,
y ahora *multihablo*, y escribo,
y bebo, y río, y robo...
pero solo corazones;
de sangre y corazón
soy pirata, señores,
porque mi vena es cubata,
ron mi sangre rey de rones.
Me doy banquetes *brugálicos*,
que siempre son pantagruélicos,
pero no soy un quejica,
que si no hay ron en mi fiesta,
denme un mini de otro alcohol,
whisky o vodka o ginebra...
porque a mí lo que me gusta
es por fuera la mujer
y por dentro la botella.

EL ORGASMO EN LABIOS DE MI MUSA

¿Qué es poesía?,
dices
mientras clavas en mi polla
tus labios pintados de azul.
¿Qué es poesía?
¿Y tú me lo preguntas, puta?
Llevo años intentando hacer
lo que no sé lo que es,
mientras tú, con adictiva mirada,
con tu poderosa sonrisa,
no me dejas dormir, ni levantarme,
ni acostarme, ni vivir...
acribillándome la noche y el día
a pesadillas mercenarias;
tú me obligaste a respirar poesía
robándome a mano armada el aire,
disfrazándome de escritor
que no lee, que no escribe,
que solo vive, que no sabe...

ni lo que es poesía.
Eyaculo palabras
a la sombra de los nervios,
no escribo por arrogancia,
tampoco para los necios...
¿Cómo fabricar lo incoloro,
lo intangible, lo inodoro?
¿Cómo describir el azul de un beso,
la figura del invierno,
el hedor a odio?
Persigo a la poesía,
rastreo a su demonio...
la busco,
entre sonetos, mariposas,
lágrimas y estrellas,
pero solo la encuentro
en mañanas de sueños perezosos,
en tardes empapadas de cerveza,
en noches de sexo con amor
y entre tus besos,
que son mi inspiración,
tu alma, mi poética.

Contamina, se expande,
fluye el arte entre nosotros,
sin saberlo, infectando
a todos los enfermos
con fiebre de comunicar
y sobredosis de imaginación,
con ardores de sensibilidad
y úlcera de sueños.
Río, canto, lloro
y escribo poesía,
y en ocasiones, además, la jodo,
aunque también meo lágrimas
y eructo canciones de amor
y a veces jadeo sonrisas
y lleno los folios de lodo,
con tinta azul, como tu boca,
donde estoy a punto de correrme
intentando secuestrar esa sensación,
que algún día
plasmaré en papel
como poesía.

HOY ME APETECES

Hoy me apetece comerte
  - respondiste -
        Des pe da zar te en ge mi dos y ja de os
        Convertirte   en   mil   trozos   de   piel
que quema
(como la mía),
que renace con cada beso que te doy
(o que te debo),
 voy a Devorarte como yo solo sé
(como te gusta),
desechando las tostadas y el café
comenzando bien fuerte el desayuno
           con tu cuerpo.
No dejarás
ni una gota de leche,
        sobre mi piel,
ni yo de sudor,
        sobre tu pecho,
                me lo comeré...
                te lo beberás...
        todo.

Mi garganta aúlla, languidece,
tengo hambre de hembra mutilada,
sed de besos consentidos.
La gula que provocas no la sacia
el tiempo   ni el olvido.
Hoy me he levantado
        sediento de placer
        hambriento de tu cuerpo.
Quiero amarte con la piel, maniatarte desde dentro.
Hoy... me apeteces.

ODA A MIGUEL

Con barro y verdad formado,
construido con poesía,
siempre fuiste un referente
para tu España vencida.
De la luz y la sombra hijo
fuiste, un rayo incesante
que no paró de luchar
ni por nada, ni por nadie.
Poeta, soldado, padre,
amante, amigo, guía,
viento del pueblo, guerrero,
mujeriego y feminista.
Pastor de buenas personas,
despertaste de ser niño,
dejaste a un lado el amor,
tu voz fue un nuevo gatillo,
Te encerraron, tú volabas
con la risa de tu hijo,
te enrejaron, tu escapaste
con la vida al paraíso.
Libertad fue tu alimento
en cualquier cárcel de España,
ellos ataron tu cuerpo,
jamás ataron tu alma.
Tú perdiste aquella guerra,
nosotros la libertad,
pero ganaste el cariño
del pueblo y la eternidad,
tú, compañero del alma,
compañero de mi vida,
serás siempre compañero
mientras viva la poesía.

AUSENCIA DE ETERNO

Te entretengo, a veces, eres el néctar
que se va, que amanece en otros labios
pasajeros cuando marchitas, nunca
te riego ni me abrazas, tú humedeces
si me miras, yo te atrapo, vete
a cualquier otro lugar donde existas
para siempre, ser rey por una noche
no es vigencia en absoluto... detente
naufragar entre tu cuerpo es delito,
no acentúes con la brisa el oleaje
de tu busto, la voz de tu entrepierna
susurrándome al oído "más rápido"
me quema, por dentro, te necesito
y tú te enredas en esos desiertos
de mil bocas de arena con sequía
de amor, con oasis de frases bonitas
que caducan al llegar a sus camas,
"desea algo más que mi lengua" repito
sin voz ninguna, entre tus muslos, gritas
con pasión, como siempre, la misión
se derrite en un gemido, anhelo
las palabras que mi corazón crea
y la voz esconde con su silencio,
suspiro, cuando te marchas buscando
algo nuevo encontrando lo mismo,
no hay fin sin comienzo y tú aún
no has empezado conmigo; el miedo

a sentir y a no decir me delata
y late mi alma y dice mentiras...
hay veces que no te creo si gimes
mi nombre mientras gritas hacia el cielo,
cuando algún "dios" escapa de tus labios
entre jadeos, tiemblas, no me miras,
tu cabeza besa al techo y soy yo
el dueño de tus sacudidas, yo
el culpable de tu realista sueño,
solo soy polvo para ti, un cuerpo,
una mentira, un momento que acaba
sin saber cuándo volverá a ser,
sé que no hay razón para creer en esto,
pero yo no creo, tengo fe; tú
para mí eres lo eterno, la esperanza
que nunca hay que perder, la última gota
de agua que alguien regala en el desierto,
la primera gota de amor sincero
que hasta ahora no tuve, y añoro,
la que busco y cerco... ¿la probaré?,
aunque beba de tu boca aún es pronto,
en el fondo yo te amo, tú me quieres,
tú te mientes, yo me escondo... ¿quién sabe?
el amor, además de ciego es sordo
y mis cartas de pasión son de aire,
sin voz, se leen con el silencio seco
del otoño, aquel que nunca escuchaste...

CACEM IN FEMINIS

Cualquier hombre menos yo,
un cuerpo atlético
(o eso parece),
copas gratis al cuadrado,
algún detalle...
¿regalos?,
una aventura nocturna,
un romance de verano,
entretenidas conversaciones
(qué suerte),
banales conversaciones,
algo que contar a tus amigas,
la curiosidad por lo desconocido,
sexo (si quieres) seguro,
sexo (casi siempre) poco seguro,
la sensación de conquista,
un número de móvil,
autoestima,
el cosquilleo del tonteo,
piropos al oído,
sentirte guapa,
sentirte objeto
(aunque valioso),
mensajes cursis
(elevados al cubo),
alguna copa
(hay dos por uno),

que te acompaña al taxi
o a la parada del bus
(si es pobre)
y si tienes suerte
(o mala suerte)
él mismo te llevará a casa
en su coche
(¡qué nervios!)
y empezarás a dudar
si acostarte con él,
si decir, simplemente,
"me lo pasé muy bien",
o dejarle en la guantera,
de propina, un par de besos,
en ese coche que esa noche
no podrá convertirse,
un día más, en picadero.

LA PRIMERA... NUNCA ES ÚLTIMA

Abrió la caja,
cogí el último...

Aún sigo fumando tus recuerdos
mientras te olvido.
Ayer volví a comprar parches,
pero sé que nunca dejaré
de recordarte.

Decidí quererte solo a ti,
desde el día en que te vi,
desde que bebo,
en ese bar de Madrid
donde solo soy feliz
cuando te veo.

Contigo las tardes volaban
en aviones de juguete
de cualquier niño mayor
que solo piensa en el presente
(que se niega a crecer)
y ahora el vino ennegrece
pero embellece mis labios
como quien muere despacio
echando un pulso a la muerte
(para poder conocer).

¡Bésame, rózame, bébeme!
No sé si aún me amas

(puede que unas gotas menos
que aquellas noches)
pero me conformo con eso.
Ya abro el cajón
del fondo
del cuarto
de invitados
de mi alma.
Ya te beso.
¡Salud!

Le doy al whisky un pico
en vaso de chupito
que descansa, desnudo,
en mi regazo.
El cigarro se acaba
pero por el humo te sigo
allá donde vayas.
Como siempre me despido
en la bocanada final,
saboreando tu beso grisáceo,
hijo del alquitrán y de la nicotina,
"tal vez sea el último" espero
mientras el humo me mira
y se ríe porque sabe
que es mentira.

Degustando mil copas,
mitad humo y alcohol,
saboreando cigarros,
mezcla de tu nicotina y mi gota,

hoy me bebo la noche,
hoy me fumo las horas
mientras te aleja el whisky
de mi cabeza y tú,
como siempre, te escondes
en las entrañas de mi corazón.

Salgo del local, miro el reloj,
sospecho que son las cinco
(no veo nada),
me pongo a cantar borracho,
a dar brincos...
disfruto mi ebriedad
en la calzada.
Desgasto la acera encharcada
con los pellizcos que dan mis zapatos,
busco el metro, me tambaleo, eructo,
y escucho, omnipresentes,
mil cantos de sirena,
que me ponen a prueba, como a Ulises,
y yo, igual que él, les mando a la mierda
(aunque con más galantería),
pues en mi aventura nocturna
las sirenas son de policía.
Me retiro, borracho,
a mi lecho de muerte,
en unas horas trabajo,
una resaca más
sobreviviendo con café,
solo, cansado, sin leche...
¿y lo peor?

no es el dolor (de cabeza)
ni las nauseas (de espanto)
ni el cabreo (de mi jefe)...
lo peor es otro, uno más,
¡otro día entero sin verte!

Abrió el metro,
cogí el primero...

"Será la última vez que beba",
prometí.

(Qué suerte que aún lo siga incumpliendo)

FE DE RATAS

Entrebeso los versos desnudos de tu Biblia,
oran mis testículos en pos de tus versículos,
leo; sin voz pero con boca,
creo; sin ley pero con toga,
veo tus piernas que ofrecen su cáliz entreabierto,
veo la sangre, veo la vida,
obedezco instinto; bebo.

Con mi lengua te rezo y te llevo al paraíso,
tú te elevas en los cielos
y me unges con gemidos;
degusto el agua bendita
que me ofreces, sacramento,
exteriorizas tu fe,
te conviertes en mi credo.

Me alimento con el néctar
de tus deseos cumplidos,
me remojo en el bautismo
de tu boca; gozo; río.
Ferviente feligrés de tu cuerpo y de su sombra
me declaro, y me diriges al cielo...
y yo te sigo, y mis dedos surcan tus cabellos.

Te arrodillas ante mí,
yo, enfilado, te confieso
y te absuelvo los pecados
mientras corro de contento.
Me susurras al oído
"sacerdote del deseo
antes no tenía fe
y ahora y amo y creo".

BENDITA, MALDITA, EVA

Eva, maldita tú eres entre todas
las mujeres, y maldito es el fruto
que comiste, arrancaste, que mordiste
con tus dientes, maldita fue tu lengua
mordaz, reptil, ardiente, al lamer
aquella fruta ahora roja, antes verde,
que Dios pintó de sangre a aquella hora,
que tú nos liberaste al perder
tu honra y condenar a la mujer
a la tortura de la sombra... ¡duerme!,
tranquila, primera dama, o diosa
de la ruptura entre el rey y la plebe,
encumbrada en mi poesía, odiosa
para la Iglesia, no para la historia
(sobre todo la reciente), exalta,
respira, descansa, asciende, madre
del mundo y bendita pecadora,
gracias te doy ahora por sacarnos
de aquel edén de juguete; ¡gracias!,
por hacer que nos dejaran salir
de aquella cárcel llena de armonía,
de rutina y de perfecta muerte...
(por aburrimiento); gracias, mujer
perversa, maligna, pecaminosa,
tú y todas tus descendientes,
claudicasteis ante Dios, dejasteis
de ser monjas, almas fieles, serviles,

vírgenes inocentes o esposas,
(sin nada que contar a sus maridos)
sosas; aburridas, casi inertes,
cambiaste aquel jardín por esta jungla,
y ahora la mitad sois lobas, leonas,
zorras o serpientes (y eso me gusta);
gracias, Eva, mujer malvada, súcubo
del vicio tan intenso en el presente,
por tu lujuria, tú nos condenaste
al placer carnal que ahora se tiene,
que nosotros disfrutamos, por ti,
por tu curiosidad, por sustraer
la manzana del árbol de la ciencia,
por querer saber más, el bien y el mal,
por desafiar a tu jefe (a Dios),
adiós al paraíso, a la fortuna,
sea la peste bienvenida, el trabajo
necesario, para poder vivir bien,
sin suerte (y sin penurias), llegó Tánatos
también para que todo acabe en muerte,
y el yugo le fue puesto a la mujer,
obligada a estar bajo autoridad
del hombre (hasta ahora, desde siempre...)
Eva bendita, maldita entre todas,
tú; libertina que no se arrepiente,
tú; libertaria del pueblo, del pan
que no es cuerpo, del vino que brota
en copa, de muchos, que no es sangre
caliente (aunque nos de vida y fiesta),

que no es pereza la siesta, que no
es lujuria estar en paz con ellas,
tampoco es guerra si es la batalla
en la cama y los abrazos son armas,
los besos son lanzados por ballestas
que no matan, solo hacen el amor,
(algo prohibido en el firmamento).
Retoños de Eva, vivid sin miedo,
ni a la muerte ni a los salmos ni al credo,
vivid disfrutando, (sin procrear),
porque la vida son sólo dos días
y hay que saberlos bailar (como un tango)
vivid pensando que así vivimos
gracias a Eva; que si en este mundo
podemos bailar, beber, descansar,
reír, festejar, hacer el amor,
¡ser libres! Se lo debemos a ella.

GRACIAS, POESÍA

Porque fueron los poetas
los primeros en nombrar
los astros y el universo
y la luz y las estrellas...
No lo dicen en los libros,
pero fueron los poetas
los artistas elegidos
para describir sus cuerpos
y dotarlos de materia,
para ensamblar su belleza
y mostrarla al descubierto.
Fueron ellos, los poetas,
los brillantes encargados
de enseñar sin responder,
de ver sin saber certezas,
de darnos a conocer
la magia que solo ven
aquellos que son poetas.

DIOSAS DE CARNE
Y VERSO
(2015)

LOLITA

Hay coños que no quieren entender
que mi alma está repleta de garbanzos,
y que si no me ayudan no los lanzo
dentro o encima de ninguna mujer,
lo de excitar lo saben hacer
muy bien... aunque para qué, si no avanzo
ni sigo al conejo blanco, ni alcanzo
la cueva de las maravillas, ser
el juguete de una caprichosa
niña que se empeña en calentar
lo que no se va a comer... es cosa
de muy mal gusto, y he de confesar
que así prefiero el onanismo rosa
de mano, que es por mucho masturbar...
que eyaculas más temprano.

DEDETO

Un dedo me ha mandado hacer Violante,
que en mi vida me he visto en tanto aprieto,
al principio el primero siempre es prieto
debes dejarte fluir, no estar distante,
dos, tres, cuatro dedos para adelante,
esto ya casi parece un cuarteto,
mas podría meterle hasta el pico Aneto
si lubrica no hay nada que le espante.
Con el quinto al ano voy entrando
y parece que entré con pie derecho
pues mi meñique lo está dilatando;
se acerca un orgasmo nada maltrecho,
el placer extremo ya está llegando,
mirad si se ha corrido y está hecho.

SKYPE

"Follar" virtualmente contigo tiene
algo artificial y algo de nostalgia,
los kilómetros no existen, presagia
el placer y el deseo se mantiene;
ver cómo te desnudas me entretiene,
oír tus lejanos jadeos es magia
gracias a una webcam que me contagia
de ti y que, por momentos, te retiene.
Comienzas a acariciarte los senos,
resucita la carne y me perturbo,
tu piel tan excitada es un terreno
mojado en el que aún llueve y me disturbo,
gimes, aúllo, tú ninfa, yo sileno...
creo que siempre que te veo me masturbo.

JUGUETE

No quiero casarme contigo, nada
de falsos testimonios ni promesas,
yo te quiero a ti solo en el ahora;
naufragar contra tus brazos, perderme
entre tus muslos, asir tus muñecas
con la fuerza del momento... y amarte;
sí, porque el cariño y la pasión
nunca han estado reñidos; odias
sentirte atada, creerte vulnerable,
te agobias si me apetece quedarme
a dormir contigo una noche, solo
para soñar a tu lado, te espanta
perder tu juventud encadenada
a un romance, quizá, sin futuro,
no quieres oír la palabra "mañana",
tampoco ir de mi mano por la calle
cuando las horas se estiran y andamos
sin rumbo, ¡no sé qué narices quieres!
pero me encanta cuando me amarras
a tu cama y me esposas los tobillos
y me atrapas, con tus piernas, y me haces
tuyo; en esos momentos de frío
metalizado, encadenado todo
mi cuerpo a tu antojo, soy un juguete
en manos de una niña: tu juguete;
y siento, que aunque no lo reconozcas,
tú, a tu manera, también me quieres.

LENGUA

Una lengua no se aprende
hasta no meter la lengua
en la parte más autóctona
que tenéis entre las piernas;
ahora sé turco, holandés,
francés, alemán y euskera,
y lo que me pregunto es
por qué lo denominamos
cunnilingus, una lengua,
el latín, que ya está muerta,
y por qué, cada mañana,
tras muchas noches políglotas,
me levanto de la cama
hablando la única lengua
que siempre puede dejarte
sin decir ni una palabra.

INCERTIDUMBRE

No se puede llorar en otro idioma,
no se puede llorar sino de dentro
y tú en menos de un mes me hiciste un ramo,
saladas rosas de cristal mojado
que fuiste cortando desde mis huesos.
Antes me habías arrancado también
un "te quiero", demasiado temprano,
demasiado sincero, que salió
de mis labios, ardiente y asustado,
y tú lo viste en mis ojos primero.
Prefiero compartirte que perderte,
prefiero sufrirte que ignorarte,
a veces la felicidad es solo
una rutina, un disfraz que solo
quieren ignorar los que están locos.
Podría ser feliz si no existieras,
pero eres una foto de papel
en mi mesilla que añoro hacer

digital si tú me dejas; no quiero
empapelar mi cuarto con tu cara
ni tampoco jurarte amor eterno,
sé que mi cuerpo es la mejor alianza
que puedo darte, siempre es sincero,
y aun así, a veces, retumba hueco;
hay días que quiero ser un pliegue más
de tu figura, un dios de papel
hecho deseo, y hay días, también,
que ansío plegarme hacia el infinito
y no ser hombre, ni carne, ni verso,
hay noches que eres solo una locura,
un templo del placer hecho persona,
y hay noches, también, que me pregunto
si merezco morir de incertidumbre,
si merezco vivir por un "te quiero".

SIN DEJARNOS EN LOS LABIOS

Cada vez que me declaro
huyes, me dejas sin tiempo
para intentar explicarte
que lo nuestro es un juego
sin reglas, fichas ni dados,
en el que si no perdemos
algo, y si no luchamos,
ya jamás nos ganaremos
el uno al otro. Tú tienes
miedo al compromiso
y yo a quedarme mudo, ciego
y sordo y no poder oír
como ríen tus caricias,
ni ver la luz de tus besos
casi rojos, no poder
susurrarte que te espero,
todo el tiempo que tú quieras
yo te espero, para no
dejarnos en los labios
sin decir nuestros "te quiero".

AÚN

Sé que aún te quiero porque aún me dueles,
no hay forma de entender que ya no hay nada,
tus recuerdos tienen más relevancia
que cualquier plan de futuro, me dices
que las promesas a uno mismo son
inquebrantables, cuando no es seguro
que tu cuerpo haga caso de tu alma.
Acostumbrarse a ti, sentir contigo,
dejar que la rutina cautivara
nuestro pacto como amigos, pensar
que la vida es fácil solo a tu lado,
o quizá difícil, pero auténtica.
Creemos confundir a los que ven,
y a mí, que estoy ciego, me desconciertas;
yo aún no entiendo a qué jugamos, tú
pareces tener ya las cosas claras
pero engañas con descaro al olvido
diciendo, a veces, que no te acuerdas
de nada que mereciera la pena
en nuestro cuento de hadas para niños
que no creen en los finales felices,
que malviven en castillos de arena.
Continuo en esa isla, cautivo,
de un romance de verano que sigue
prisionero de una fortaleza
que el tiempo difumina en un tic-tac
de seres vivos; ha revoloteado

la esperanza entre el mar y el cielo
y se ha perdido; mi esfuerzo y mis ganas
son solo de echar de menos, peco
de poco valiente en momentos críticos,
y a veces dudo si soy sincero,
sin tus abrazos, pinto el frío, vuelas
por todo el mundo mientras yo naufrago
en el infierno... de no olvidarte.
Entre mis temores, soy rey y señor
de una isla sin nombre donde nunca
podré encontrarte, soy un dios y un náufrago,
un silencio y un acorde, poseo
el ardid que tú me donas al ser
dueño de la hipnosis de la noche,
menos de ti, de cualquier cosa
puedo beber, también emborracharme,
menos de tus besos, de tu boca
maldita, que tantas veces sueño
devorándome, necesito ir
a otro lugar, quiero escapar de ti...
y a la vez no dejar de recordarte.
Sobrevivo con los versos que tú
no sabes que aún te escribo, a escondidas,
aunque sufra en silencio lo prefiero,
mejor incubar dolor que admitir
que no te tengo... y nunca serás mía.
La idea de un futuro me corroe
por dentro, soy incapaz de borrarte,
de arrancarte de mi calendario,

la incertidumbre me hace trizas
y me hace ser también mejor persona.
El miedo, eso es lo peor; el miedo
indescriptible a que encuentres en alguien
lo que no quieres descubrir en mí;
he convertido el temor en hábitat,
también el optimismo en mi rutina.
Tú dices que está muerto (el amor),
yo creo que aún respira, pues no hay nada
que nazca dentro de una persona
y perezca de por vida; se dice
"donde hubo fuego siempre quedarán
las ascuas", y yo, que aún veo llamas
por mi cuerpo, solo puedo decirte
que nuestro amor es el primer cuarteto
de un poema que quisiste dejar
a medias sin apenas sospechar
que algún día, por fin, se hará soneto.

ABRIRTE

Lo mejor de ti sale al abrirte,
como ocurre con los buenos libros,
los telones de fondo o las vaginas.
Me encanta abrirte cuando estás desnuda,
tus piernas me enganchan como la lágrima
que cuelga resistente en tu pupila
cuando crees que entre nosotros no hay nada.
Me encanta abrirte cuando estás dormida,
los sueños sobrevuelan tu entrepierna,
tu cuerpo llora gotas de sudor,
llora de emoción porque imagina
que entre nosotros no se interpondrá
nada; y entonces despiertas: si miras
hacia abajo, me verás dormido
en mitad de la noche, fantaseando
con todas las mujeres que algún día
quise o querré llevar a la cama;
y si miras hacia arriba, podrás
ver brillar los versos que tú no sabes
que escribí pensando en ti como ya
no te pienso, podrás releer siempre
ese libro de poesía que la gente
corriente llama cielo, aquel poema
que nació de mí aquel mediodía
que te abrí, por primera vez, tan joven,
tan dulce, tan pura... y miré dentro
de ti, enamorado ingenuo, y pensé
que por mil vueltas que diera la vida
no iba a poder cerrarte nunca.

CALENDARIO

Te mayo, como dos enamorados
desenganchándose de primavera,
te junio en silencio, dispuesto a todo,
y te julio de la misma manera
(para no quedarme con ganas), solo,
como un perro abandonado te agosto
en un Madrid vacío de inquietudes,
cubierto a trozos de desesperanza.
A veces pecas de poco paciente,
tienes miedo y no septiembres estar
sin vernos, te octubres sin razón
siempre que piensas que ya no te quiero
por el mero hecho de no ir a verte.
Mi vida puede parecer más fácil,
no te lo niego, sigue mi familia
aquí, los amigos, nuestro idioma,
el buen tiempo... te noviembres, te culpas
por estar allí y yo solo puedo
decir (sin eco) que te echo de menos.

Te diciembres y vuelves a Madrid,
¿será verdad o un simple sueño? Lo único
que sé es que espero estar aquí también...
te enero; te enero y te venero
tanto que cualquier plan de este nuevo año,
cualquier proyecto de futuro queda
relegado a poder estar contigo.
Te febrero en mi cumpleaños, soplo
la tarta y contemplo un porvenir
que no llega; pero aún hay esperanza,
aún me quedan velas por apagar,
me faltan poemas por escribir,
me sobran fuerzas para intentar
que estemos juntos; siempre habrá un poema
inacabado que hable de nosotros,
que impida poner punto y final
a nuestra historia; no sé si el destino
existe o si alguien lo inventó,
pero mi camino, estoy seguro,
atraviesa tu boca... y se detiene;

yo entonces te marzo y tú me haces tuyo
y dejamos que el tiempo se encargue
del resto, pero... hasta ese momento,
lo único que tengo es un calendario
desnudo, mis meses me abandonaron,
se vistieron de verbos peregrinos,
ya todos, menos uno, emigraron
hacia la idea de estar cerca de ti;
conmigo solo se quedó el último
mes que disfruté entero a tu lado,
se quedó abril, para recordarme
que el tiempo es un sistema ambiguo
y fracasado con el que la gente
intenta medir algo que carece
de sentido para mí; qué importa
lo que diga un reloj o un calendario,
las cifras que estemos separados,
qué importan los números o unidades
de medida si lo único que quiero
es tirarlo todo... y volver a verte.

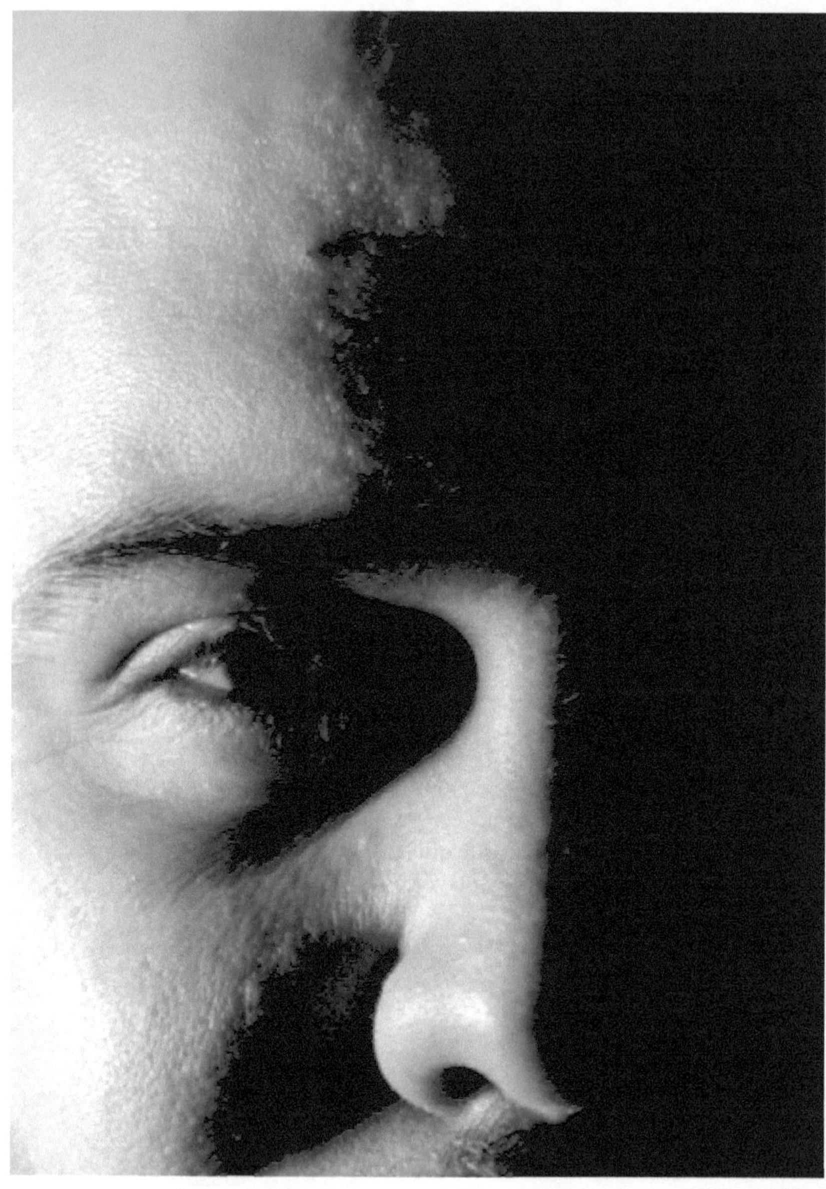

DE GATOS, NOCHES Y DÍAS
(2016)

MADRID MUJER

"Me recuerdas a Madrid" te dije,
mientras pintaba tus labios firmes
con el color de mis zapatos. Siempre
me salpicas con tus besos, siempre,
como si fueras una fuente triste
llorando triunfos que a veces no ganas.
Me escondía en la boca de tu puerta
como un turista más, sacando fotos,
corría por el suelo de tu lengua
y, bajo el cielo azul, te atravesaba.
Me gustaba perderme por tu cuerpo,
recorrer la Gran Vía de tu espalda,
detenerme en las plazas de tu pecho,
lamer los adoquines de Mayor,
iluminarte de saliva en Sol
y bajarte el Arenal de tu falda.
Llegados a este punto te confieso:
el jardín de terciopelo que cubre
tu pubis me encanta, y la catedral
de tu trasero nunca guarda intactas
las ganas de atardecerte jugando
a ser turistas nuevos. Me sorprende
la tibieza del palacio que guardas
con recelo en tu entrepierna, el museo
de las grandes esperanzas que espero
gobernar, cualquier día, si me dejas.

LOS NUEVOS POETAS

Para solo nueve musas
hay demasiados poetas,
Madrid sufre sobredosis
de rapsodas y profetas;
venden versos dos por uno
y hay demasiadas braguetas
con ganas de ser bajadas
por mamadas lisonjeras;
las jam son un hervidero
de bardos y quinceañeras
dispuestas a ser las musas
de una noche o de una siesta,
la poesía es la madre
del ocaso y de la fiesta,
ahora la lírica es pop
y sus libros súper ventas.
Ser poeta está de moda,
también el dicho "Go vegan",
ser hipster, beber gin tonics
o criticar a Carmena.

Los miércoles, Aleatorio,
y los jueves al Vergüenza,
todos se embriagan de versos,
la poesía es borrachera.
También pocos beben copas,
muchos vinos y cervezas,
quien tiene la suerte etílica
jamás la desaprovecha.
Ser poeta y ser borracho
es el sueño de cualquiera.
El barman siempre pregunta:
"¿De qué marca la ginebra?".
"Me olvidé que bebí ayer,
elige tú la que quieras"
"¿Y qué tónica prefieres?"
"Schweppes", dice siempre el poeta.
Hay cosas que no se olvidan
y otras que nunca recuerdas.
Normalmente lo que olvidas
siempre merece la pena.

RECUERDOS

Confieso que no me acuerdo de nada.
No recuerdo el sabor de tus palabras
las noches de verano cazando horas,
tampoco el olor de abril en las sábanas
que humedecían nuestras bocas
ni el luto por sentirnos rechazados
que acabamos rompiendo en el Retiro;
no recuerdo nuestra primera vez,
ni tampoco esa primera vez
que posé un te quiero en tus oídos.
No recuerdo el por qué que estemos juntos,
ahora, que hace tanto tiempo que estamos
separados. De ti recuerdo el beso
que te escribí cuando nos conocimos.
Solo eso. Era un miércoles tan frío
que los dos decidimos refugiarnos
en el cine. Yo venía borracho,
acababa de dejar a mis amigos
con todas las cervezas a un euro
que estuvieron desde las dos conmigo.

No quería estar solo y te vi sola,
una fila delante de la mía.
Te expliqué el significado del título
y preguntaste que por qué sabía
eso, si era creyente o leía mucho.
Vimos *Los girasoles ciegos*, luego
te invité a un vino. Después tú a otro.
Sin querer terminamos la botella
y bebimos la plata de la luna,
poco a poco, intentando absorber
el calor que exhumaba en el parque.
Te conté por qué había un templo egipcio
allí, te dije que lo había leído,
y tú me dejaste leerte los labios.
Ese beso, aún, hace que me acuerde
de ti y que acuda al cine a diario;
no vaya a ser que encuentre a otra mujer
una fila delante de mí, sola,
con ganas de aprender sobre Madrid
y con tendencia a dejarse leer
un poema inolvidable en la boca.

GATOS URBANOS

Madrid es una esquina en dos mitades,
una ánfora repleta de infinitos,
es el sello de tu boca en mis labios,
mi voz de cerrojo en tu mensaje,
la tierra prometida del que nace
siendo un gato maullando entre suspiros.
Madrid es mar de asfalto y vasallaje,
Madrid pasto de sangre, verso y vino,
Madrid es el calor de tu masaje,
los jadeos, los claxon, los portales
donde tantas veces tú y yo lo hicimos;
Madrid es la noche que nunca empieza
ni termina, es el cielo que nos arde,
las luces encendidas, el garaje
donde guardo los besos que me bebes,
para que nadie pueda conducirlos
a ningún lugar fuera de nosotros.
Madrid es la ciudad que nace y muere
el mismo día, Madrid, un banquete
que se nutre de tesoros, un cáliz
sin sangre donde tomarse la vida
de un solo trago; Madrid es el ojo
de tu ombligo mirando hacia el futuro.

QUE BEBA

"Que beba, que beba, que beba" oía
dentro de mi cabeza.
Mis amigos, los grandes consejeros
del amor, lo tenían claro: "que beba".
Yo estaba nervioso y les hice caso.
Era mi primera cita con ella.
Dejé los preliminares de lado:
no hubo paseo, ni cine, ni cena.
Tomamos champán, vino, vermú, sidra,
yayos, orujo, ron, whisky y cerveza.
Argumentando prisa por cambiar
a un sitio aún mejor,
yo siempre dejaba mi vaso a medias.
Ella se lo tomaba.
Media copa yo, copa y media ella;
de esta guisa llegamos a mi casa.
Yo solo veía el vino en sus labios,
el orujo en sus piernas,
el champán en sus ojos
y el vermú en sus caderas.
Y al final bebió tanto
y quedó tan mojada,
y yo tan sediento
porque no tomé nada,
que lo único que tuve que hacer
para calmar mi sed
fue bebérmela a ella.

ANTOLOGÍAS
Y OBRAS COLECTIVAS
(2013-2016)

(2013) Mephisto.

NANA

Duérmete, niña, sueña
con mi lengua de trapo,
que te atrapa y desquicia,
que desquita tu manto
para hacerte mayor.
Ya no quieres muñecas
pero añoras jugar...
ven a hacerlo conmigo.

(2016) Tintos & Tinta.

IUVAT VIVERE

¿Qué será la vida sino un camino
y una causa y una consecuencia
de encontrarte en cualquier escenario?
Felicidad, no me abandones nunca,
vaya donde vaya iré despacio
para que puedas darme alcance.
No engendro realidades singulares,
la realidad nace en cada mirada
mas... los dioses solo nacen detrás
de párpados cerrados. ¡Abre tu alma!
y los ojos, y la boca, y observa
y declama lo que muchos ignoran:
los dioses, como Alá, como el dinero,
siempre estarán por encima de uno
y de millones, de miles, de cientos...
pero a veces uno, tan solo uno,
puede doblegar a la mayoría.
Debemos luchar por lo que queremos,
yo quiero hacer el amor con la vida.
Los años se diluyen en la esfera,
atrapados, como estamos, en cuatro

muros de papel cartón que sirven
de decorado en cualquier película
de acción donde puede morir cualquiera.
Morir no es la razón, ni la causa,
ni el paraíso, ni la consecuencia.
Morir, para la vida, es la certeza.
¡Afortunados, siempre, los humanos!
Nos premiaron con millones de instantes
bellos que disfrutamos una vez...
y no volverán nunca. ¡*Carpe diem*!
Los dioses no entienden qué es el ahora.
Nosotros, que lo sabemos, pasamos
la vida preocupándonos, cada hora
que pasa, del trabajo, la pareja,
la casa, la amistad o la familia;
casi siempre a todos se nos olvida
lo más importante: que estamos vivos,
que aunque el tiempo, aún lento, nos devora
engullendo años, y meses, y días,
solo estamos aquí para una cosa:
disfrutar cada instante de la vida.

(2016) Funny games.

MUSA

No puedo regalarte el mejor de mis poemas
porque sé que aún no lo he vivido.
Sí puedo regalarte la promesa
(y estoy completamente convencido)
de que cualquier verso que me quede por vivir
lo escribiré, antes y después, contigo.

HACERTE

Porque amas verme hacer aquello que amo,
crees que me amas cuando me ves escribiendo,
pero deberías amarme siempre que te veo
porque te estoy haciendo a ti con la mirada.

DOS CARAS

Me clavaste el aguijón de tu boca
sin saber que al hacerlo morirías.
Al nacer la amante muere la amiga;
las dos caras de una misma persona
que me ha dejado su miel en los labios.

SSHHHHH

Tu voz apaga
la llama del deseo
que arde en silencio.

ESCRIBIRTE

Quiero leerte
hasta que sea mi tinta
la que te escriba.

COURBET

Tu sonrisa es
el origen del mundo,
y es permanente.

CALLA

Me gusta cuando
callas, y encierras mi alma
entre tus dientes.

ANONIMAMADA

Deletreaste
un nombre impronunciable
bajo mi ombligo.

ÚLTIMOS POEMAS
(2017)

QUISIERA

Quisiera ser el lugar
en el que piensas cuando alguien
te pregunta dónde estás,
quisiera ser horizonte
entre el mar de lo que quieres
y el cielo de lo que tengas,
quisiera ser esa frase
que jamás podrá acabar
al puntuar en suspensivos...
quisiera ser un "te quiero"
en el oído con la forma
y el amor que tú prefieras.

HABRÁ UN DÍA QUE MURAMOS TODOS

Porque habrá un día que muramos todos,
porque la muerte es lo único seguro,
porque la vida es lo único que tienes,
no la malgastes sufriendo de más,
llorando de más, odiando de más
y olvidando todo lo importante.
Porque habrá un día que muramos todos
es necesaria la risa entre amigos,
un viaje sin prisas, andar descalzo
en la hierba, compartir un buen vino.
Porque habrá un día que muramos todos
es importante saber escuchar
el murmullo de las pequeñas cosas,
saber disfrutar, saber perdonarte
por todos esos días que tiraste
a la basura haciéndote de menos,
creyendo no ser nadie, renegando
de ti o de los tuyos.
Porque habrá un día que muramos todos,
porque la vida son muchas batallas
ganadas pero una guerra perdida,
porque el odio es la espada de la muerte
y el amor el escudo de la vida,
levántate y anda,
defiéndete y disfruta,
porque habrá un día que muramos todos
el resto de días hay que vivirlos.

ACOSTUMBRARSE

Me había acostumbrado demasiado,
como hacen los sueños y las personas
cuando se despiertan y se abandonan
sin ser conscientes de lo disfrutado.
Me había acostumbrado demasiado
a tu acento de argentina amazona,
a tu talento que siempre ambiciona
y a encontrarte cada noche a mi lado.
Me había acostumbrado, eso es cierto,
a tratarte como un río que pasa
regando de aromas de agua el desierto;
me había acostumbrado a ti y me abrasa
sentir que lo vivido aquí ha muerto,
como un sueño que fue y se fue de casa.

Elegía a una mujer chiquita

A mi abuela Angelita

Dejad de llorar. Sonreíd.
Hoy es un día de fiesta.
Angelita ha dado vida
y ahora un ángel se la lleva.
El calendario ha hablado
y el tiempo ha hecho mella.
Casi llegó a los cien,
cien nos despedimos de ella.
Astuta de vocación,
de profesión peluquera,
profesora de dos madres
que son como almas gemelas.
En el ardid de la vida
fue mi primera maestra
con el arte de hacer trampas
mientras los otros no vieran,
daba igual dominó o cartas,
lo importante era hacerlas.
"Yo sin dinero y sin trampas
no juego" decía ella,
mientras me daba un vinito
para acompañar la cena,
"no le cuentes a tu madre"
repetía mi maestra.
No tengo miedo al terror

ni en la vida ni en la escena,
pues con seis años de edad
vi el Resplandor con mi abuela,
"una peli de un niñico"
describió a mi madre escueta.
Fue compañera de viajes,
segunda madre y niñera,
matriarca de una familia
que hoy llora su ausencia.
No os equivoquéis, pues nunca
una mujer tan pequeña
ha sido tan grande. Nunca.
Y la hemos tenido cerca,
gracias a Dios, muchos años.
Ya era hora que se fuera
y descansara, tranquila;
ahora nuestra es la tarea
de hacer que viva por siempre
entre nosotros, eterna.
Jamás se irá de aquí
si nos acordamos de ella.

SOLO QUIERO

Yo solo quiero tener dos amantes:
una copa de vino y tu recuerdo,
yo solo quiero volver a estar cuerdo
cuando quieras volver a lo de antes.
Ahora estoy en el infierno, con Dante,
con Caronte no hice ningún acuerdo,
solo sé que aquel camino izquierdo
va al corazón de tu estrella brillante.
Te puedo ver cada noche en el cielo
que la gente vulgar llama memoria,
no sé si eres real o un simple anhelo,
no sé si fuiste derrota o victoria;
yo solo quiero tener dos desvelos:
una copa de vino y nuestra historia.

Esta primera edición de "Poeta decandente" se terminó de imprimir el 22 de diciembre de 2017, aniversario de la muerte de Gustavo Adolfo Bécquer; con una tirada de 100 ejemplares numerados a mano.

Ejemplar nº ....